小普羅藝術叢書

有了喜歡的顏色　有了豐富的創意

孩子，你更需要無邊無際的恣彩天空！

· 我喜歡系列 ·

我喜歡紅色　　　我喜歡棕色　　　我喜歡黃色　　　我喜歡綠色　　　我喜歡藍色　　　我喜歡白色和黑色

· 創意小畫家系列 ·

蠟筆　　　　　水彩　　　　　色鉛筆　　　　　粉彩筆　　　　　彩色筆　　　　　廣告顏料

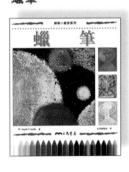     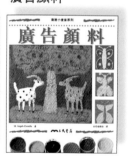

· 小畫家的天空系列 ·

動物畫　　　　　風景畫　　　　　靜物畫

我喜歡 黃色

M. Àngels Comella 著

本局編輯部 譯

三民書局

國家圖書館出版品預行編目資料

我喜歡黃色 / M.Àngels Comella著;三民書
局編輯部譯－－初版二刷.－－臺北市;
三民，2003
面； 公分－－(小普羅藝術叢書. 我喜
歡系列)

ISBN 957-14-2867-1 （精裝）

940

網路書店位址：http://www.sanmin.com.tw

© 我喜歡黃色

著作人 M.Àngels Comella
譯　者 三民書局編輯部
發行人 劉振強
著作財
產權人 三民書局股份有限公司
　　　 臺北市復興北路386號
發行所 三民書局股份有限公司
　　　 地址／臺北市復興北路386號
　　　 電話／(02)25006600
　　　 郵撥／0009998-5
印刷所 三民書局股份有限公司
門市部 復北店／臺北市復興北路386號
　　　 重南店／臺北市重慶南路一段61號
初版一刷　1998年8月
初版二刷　2003年4月
編　號　S 94063
精裝定價　新臺幣貳佰捌拾元整
平裝定價　新臺幣貳佰伍拾元整
行政院新聞局登記證局版臺業字第○二○○號

Original Spanish title: Me gusta el amarillo
Original Edition © PARRAMON EDICIONES, S.A. Barcelona, España
World rights reserved
© Copyright of this edition: SAN MIN BOOK CO., LTD. Taipei, Taiwan.

目　次

給父母及師長的話

我 們可以陪伴孩子們走一趟不可思議的旅程：豐富、多彩多姿、充滿變幻的色彩世界之旅。色彩是我們生活中密不可分的夥伴；它們可以產生無限的深淺變化；它們也可以互相混合不斷產生新顏色。

《我喜歡黃色》：從發光的太陽到圍繞在母雞身邊溫順的小雞，讓孩子從對顏色的初步體認開始，來學習如何把顏色與日常生活建立關聯，並藉此刺激他們用新的方法，把他們的想像力和創造力表達出來。

雖然這本書是以適合小朋友閱讀的語言寫成的，但是如果有大人願意在一旁，幫助這些初學文字的小朋友閱讀這本書，相信是會有很大幫助的。其實，您可以當做是在和這些精力充沛的小朋友玩遊戲，幫助他們認識這個世界，幫助他們未來的智力發展。

黃　色

有好多種黃色喔！我們找到了這些不同的黃色。

太 陽

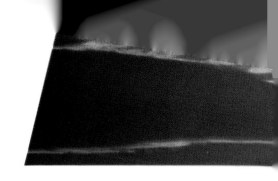

好熱喲！
真是稀奇的一天。
太陽居然用它最得意的顏色：
黃色，低頭看著我們。

今天是個適合畫太陽的日子。
我們需要：

紙、彩色棉紙、
黃色的玻璃紙

黃色的貼紙

剪刀

黏膠

1 我們用剪刀把紙剪下來，然後用手撕開。

2 我們把紙片一張一張重疊貼在一起。貼得越多層，顏色就會越亮麗喔

這是ㄓ個ㄍ讓ㄖ我ㄨ們ㄇ覺ㄐ得ㄉ炎ㄧ熱ㄖ的ㄉ顏ㄧ色ㄙ。

太ㄊ陽ㄧ升ㄕ起ㄑ來ㄉ和ㄏ落ㄌ下ㄒ去ㄑ的ㄉ時ㄕ候ㄏ，所ㄙ有ㄧ的ㄉ東ㄉ西ㄒ看ㄎ起ㄑ來ㄉ都ㄉ是ㄕ黃ㄏ色ㄙ的ㄉ。

太ㄊ陽ㄧ最ㄗ得ㄉ意ㄧ的ㄉ顏ㄧ色ㄙ便ㄅ是ㄕ黃ㄏ色ㄙ。

喔ㄛ！好ㄏ熱ㄖ喲ㄧ！我ㄨ好ㄏ想ㄒ、好ㄏ想ㄒ去ㄑ玩ㄨ水ㄕ！

真的可以吃嗎？

讓我們來吃點東西吧！
有好多食物是黃色的，
看起來好好吃的樣子。
我們從沒有吃過
「沒有顏色」的東西呢！

我們一起來玩扮家家酒吧！
需要：

▷ 兩種不同黃色的黏土

▷ 白色的黏土

1 我們來看看一些黃色的食物。

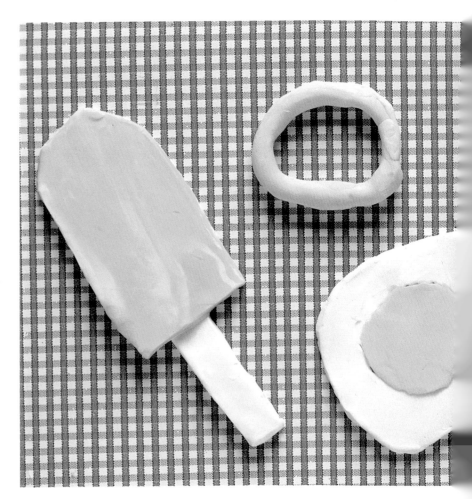

香ㄒㄧㄤ蕉ㄐㄧㄠ

甜ㄊㄧㄢ玉ㄩ米ㄇㄧ

布ㄅㄨ丁ㄉㄧㄥ

起ㄑㄧ司ㄙ

2 我ㄨㄛ們ㄇㄣ可ㄎㄜ以ㄧ用ㄩㄥ黏ㄋㄧㄢ土ㄊㄨ來ㄌㄞ
複ㄈㄨ製ㄓ這ㄓㄜ些ㄒㄧㄝ食ㄕ物ㄨ喔ㄜ！

3 我ㄨㄛ們ㄇㄣ把ㄅㄚ黃ㄏㄨㄤ色ㄙㄜ和ㄏㄜ
白ㄅㄞ色ㄙㄜ的ㄉㄜ黏ㄋㄧㄢ土ㄊㄨ混ㄏㄨㄣ
合ㄏㄜ在ㄗㄞ一ㄧ起ㄑㄧ，產ㄔㄢ生ㄕㄥ
比ㄅㄧ較ㄐㄧㄠ淡ㄉㄢ的ㄉㄜ顏ㄧㄢ色ㄙㄜ。

檸ㄋㄧㄥ檬ㄇㄥ

來ㄌㄞ幫ㄅㄤ我ㄨㄛ們ㄇㄣ把ㄅㄚ菜ㄘㄞ單ㄉㄢ完ㄨㄢ成ㄔㄥ吧ㄅㄚ！

秋　天

街道上都是從樹上落下來的葉子。

在回家的路上，我們決定要模仿秋天葉子的顏色。

需要：

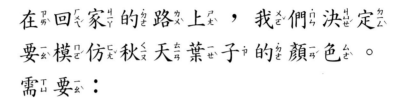

▷ 一些喝飲料用的吸管

▷ 黃色和棕色的墨水

▷ 一些白色的卡紙

1 我們在卡紙上滴幾滴墨水。

2 趁著墨水還沒有乾以前，用吸管對著它們吹氣。

3 顏色混合在一起了，而且顏色的濃淡和地上的葉子一模一樣耶！

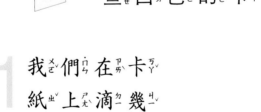

葉子在秋天的時候，
會改變顏色喔！

它們本來是綠色
的，現在，它們
乾枯變成黃色了。

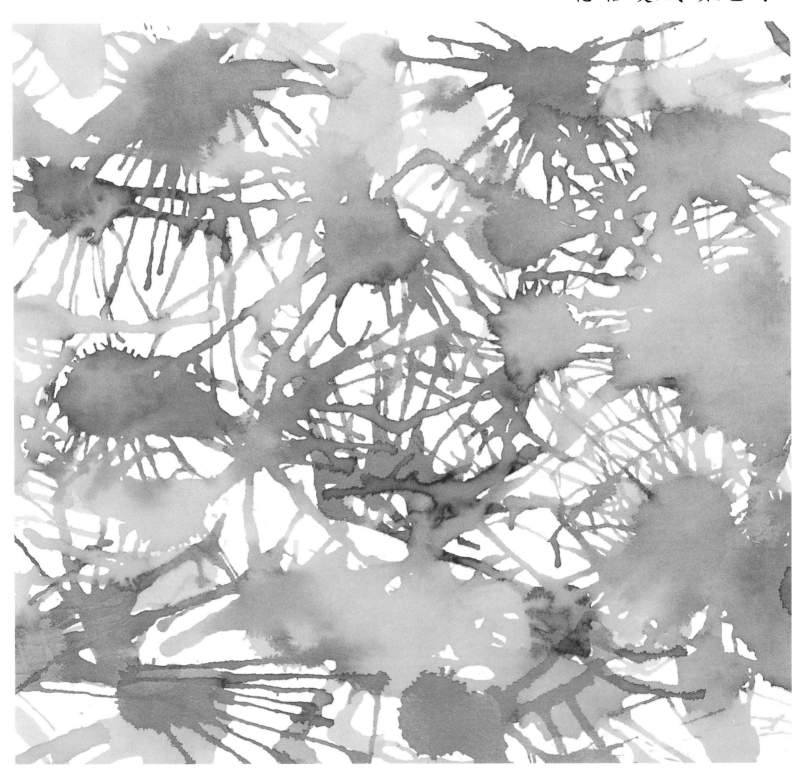

踩在這堆枯葉上面，卻不會發出「劈劈啪啪」的聲音耶！ *11*

我用我的小眼睛來找

如果我們想要把黃色的東西藏起來，
要怎麼做呢？

我們現在來藏三隻小老鼠吧！
會用到：

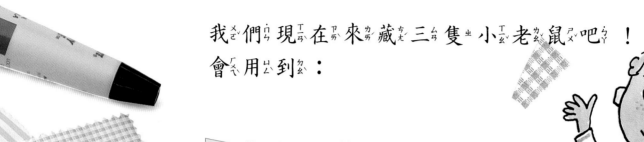

▷ 黃色和藍色的卡紙

▷ 黏膠

▷ 黃色的小碎布

▷ 剪刀

1 我們剪下四隻黃色的老鼠和兩隻藍色的老鼠。

2 我們把碎布黏到卡紙和老鼠上。

3 藍色的老鼠很清楚就可以看到了，可是那四隻黃色的老鼠到哪裡去了呢？

▷ 黃色是一個非常顯眼的顏色。

▷ 最好是把它放在其它顏色中間。

▷ 要在許多相似的顏色當中找到某個東西，是很難的喲！

漂亮的黃色！你把我的老鼠藏到哪裡去了呢？ ▷ *13*

救命啊！
毒蟲！

我們在電視上看過一些
又黑又黃、有毒的動物。
牠們那鮮明的顏色，
好像在警告我們：
「小心喔！我是有毒的。」

讓我們來創造屬於
自己的毒蟲收藏吧！
我們需要：

▱ 小樹枝

▱ 有色的卡紙

▱ 畫筆

1 我們先做怪物
的頭和腳。用
小樹枝沾一些些
黃色的顏料，塗
在適當的地方。

▱ 黃色、黑色、
紅色和白色的
廣告顏料

2 然後用畫
筆畫其它
的昆蟲。

3 要等前一個顏
色乾了以後，
才能再塗另外一
個顏色喲！

青蛙 蜥蜴 黃蜂

牠們看起來好可怕喲！不是嗎？ ▷ ▷ ▷ ▷ ▷ ▷ ▷ *15*

黃色的衣服

和其它顏色比起來，
黃色總是顯得特別突出。

我們來畫在操場上
的全班同學。
要用到：

▷ 卡紙

▷ 剪刀

▷ 紙

▷ 細字的彩色筆

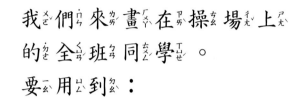

1 我們把三張長
條的紙摺成扇
子的形狀，在上面
畫一半的人形，
然後把它們剪下
來。

2 打開這些
人形，把
它們黏到卡
紙上。

3 最後，用藍色和
綠色把它們的衣
服著色，只有一個
是塗上黃色。

▷ 黃色看起來非常明顯喲！

▷ 尤其是被藍色和綠色包圍的時候。

▷ 你是不是一眼就可以看到那枝叉子了呢！

瞧！我的披風和皇冠也非常明顯吧！

被吃掉的路

當我們在開車的時候，
第一眼看到的總是
黃色的車子。

當車子開過去的時候，
要讓全世界的人都看到我們喔！
我們需要：

▷ 兩顆黃色的扣子

▷ 各種顏色的粉彩筆

▷ 灰色的紙

▷ 針和線

1 畫出一部車子來。
我們正坐在車子裡
面，四周有漂亮的風
景。

2 我們請大人
幫忙把要當
作車輪的扣子
縫上去。

許ㄒㄩˇ多ㄉㄨㄛ跑ㄆㄠˇ車ㄔㄜ都ㄉㄡ是ㄕ
黃ㄏㄨㄤˊ色ㄙㄜˋ的ㄉㄜ˙，這ㄓㄜˋ樣ㄧㄤˋ
才ㄘㄞˊ能ㄋㄥˊ比ㄅㄧˇ其ㄑㄧˊ它ㄊㄚ的ㄉㄜ˙
車ㄔㄜ子ㄗ˙顯ㄒㄧㄢˇ眼ㄧㄢˇ啊ㄚ˙！

重ㄓㄨㄥˋ型ㄒㄧㄥˊ車ㄔㄜ輛ㄌㄧㄤˋ和ㄏㄢˋ推ㄊㄨㄟ
土ㄊㄨˇ機ㄐㄧ通ㄊㄨㄥ常ㄔㄤˊ也ㄧㄝˇ是ㄕ
黃ㄏㄨㄤˊ色ㄙㄜˋ的ㄉㄜ˙。

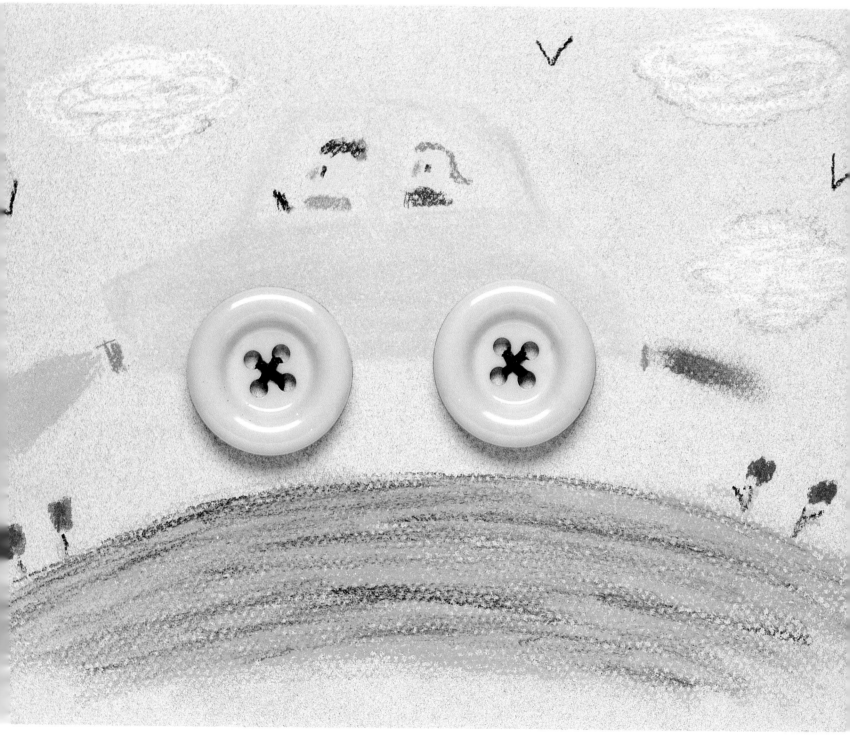

在ㄗㄞˋ藍ㄌㄢˊ色ㄙㄜˋ的ㄉㄜ˙大ㄉㄚˋ海ㄏㄞˇ中ㄓㄨㄥ，黃ㄏㄨㄤˊ色ㄙㄜˋ的ㄉㄜ˙遊ㄧㄡˊ艇ㄊㄧㄥˇ看ㄎㄢˋ起ㄑㄧˇ來ㄌㄞˊ會ㄏㄨㄟˋ怎ㄗㄣˇ麼ㄇㄜ˙樣ㄧㄤˋ呢ㄋㄜ˙？　　19

夜晚的燈光

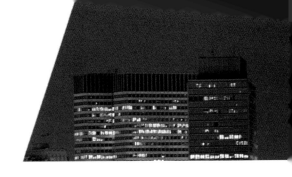

天黑了，我們該回家了。
遠遠地，我們就能看到窗戶裡的
黃色燈光。

畫一間亮著燈的屋子
需要：

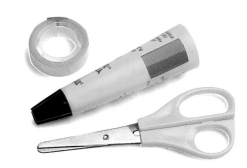

☐ 黏膠

☐ 剪刀

☐ 膠帶

☐ 有圖案的長條紙

☐ 黃色的棉紙

1 把紙剪成
我們想要
的屋子形狀。

2 用黃色的棉
紙做成窗戶
和門，然後用
膠帶黏住，這
樣子窗戶和門
才能開開關關。

▷ 這些建築物裡的燈光，看起來是黃色的。

▷ 警示燈的燈光也是黃色的耶！

▷ 黃色的燈光稍微改變了物體的顏色。

為什麼不放個人在屋子裡呢？

咕！咕！

母雞坐在雞蛋上孵小雞。
哇！小雞終於生出來了。

從農場回來以後，我們想要
把在農場裡看到的情景畫下來。
我們需要：

▷ 藍色、黃色、紅色、
白色和黑色的廣告
顏料

▷ 畫筆

1 我們把藍色和黃色的廣告顏料混合在一起，畫出綠色的草地。

2 我們用黃色加一些紅色，調成橙色，來畫雞的嘴巴和腳爪。

3 用白色和藍色混合得到的顏色，畫出天上的雲來。

小雞是黃色的。

牠們長大以後，就會改變顏色了。

母雞愛牠的小雞。

讓我們一起來畫一些黃色的小鴨子吧？呱！呱！

花

在郊外和花園裡，
有好多、好多的花喲！
大部分的花兒都是黃色的。

想把春天花兒盛開的樣子畫下來嗎？
我們需要：

▷ 廣告顏料

▷ 白色的卡紙

1 我們用沾了顏料的手指頭在卡紙上畫圖。

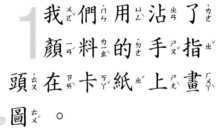

2 要沾另外一個顏色以前，記得要把手指洗乾淨喲！這樣子顏色才不會混在一起。

昆蟲會被花朵的顏色吸引住喔！

這裡的花有雛菊、鬱金香、玫瑰、康乃馨、向日葵……

我要去替我那些黃色的花澆水了。

好擁擠的交通喔！

一起來畫城市的
某一個角落吧！
我們會用到：

▷ 廣告顏料

▷ 小枝的滾筒

▷ 畫筆

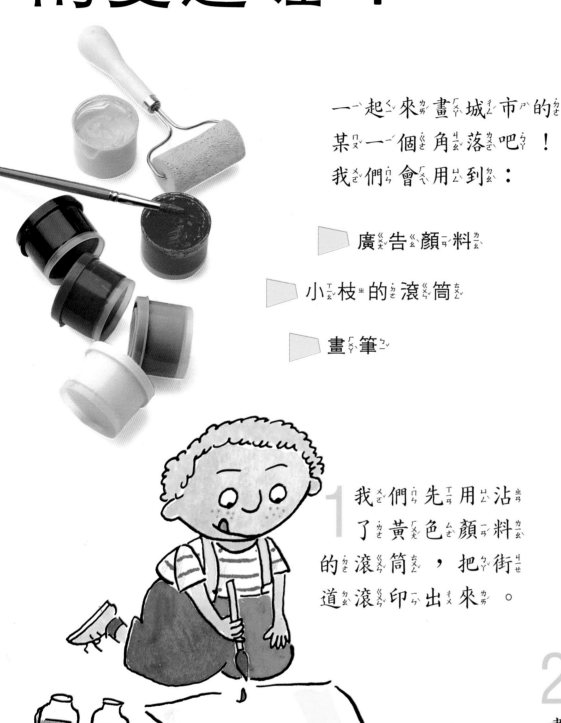

1 我們先用沾了黃色顏料的滾筒，把街道滾印出來。

2 等顏料乾了以後，再用畫筆在上面畫其它的部分。

 黃ㄏㄨㄤˊ色ㄙㄜˋ常ㄔㄤˊ常ㄔㄤˊ用ㄩㄥˋ來ㄌㄞˊ在ㄗㄞˋ道ㄉㄠˋ路ㄌㄨˋ上ㄕㄤˋ做ㄗㄨㄛˋ記ㄐㄧˋ號ㄏㄠˋ。

 這ㄓㄜˋ是ㄕˋ一ㄧ個ㄍㄜˋ提ㄊㄧˊ醒ㄒㄧㄥˇ你ㄋㄧˇ「注ㄓㄨˋ意ㄧˋ！」的ㄉㄜ顏ㄧㄢˊ色ㄙㄜˋ。

 注ㄓㄨˋ意ㄧˋ！這ㄓㄜˋ個ㄍㄜˋ地ㄉㄧˋ區ㄑㄩ有ㄧㄡˇ野ㄧㄝˇ生ㄙㄥ動ㄉㄨㄥˋ物ㄨˋ喲ㄧㄠ！

馬ㄇㄚˇ路ㄌㄨˋ太ㄊㄞˋ吵ㄔㄠˇ了ㄌㄜ！我ㄨㄛˇ們ㄇㄣ來ㄌㄞˊ畫ㄏㄨㄚˋ一ㄧ個ㄍㄜˋ安ㄢ靜ㄐㄧㄥˋ的ㄉㄜ小ㄒㄧㄠˇ巷ㄒㄧㄤˋ子ㄗ吧ㄅㄚ！

變魔法

從遠處看，
媽媽正在織的毛線衣像是綠色的；
可是貼近一點兒來看，
其實是藍色和黃色。
難道是被施了魔法嗎？

雖然我們不會織毛衣，
可是我們想用顏色和
距離來做個實驗。
我們需要：

黑色的細字
彩色筆

黏膠

色鉛筆

削鉛筆機

1 我們用黑色的
細字彩色筆，
畫出杯子的形狀。

2 把每個顏色
的色鉛筆削
一些下來，用
手指壓碎這些
削片。

3 把每個杯子都塗
上黏膠，然後在
上面貼兩個不同顏
色的碎片。

顏色混在一起以後，看起來便像另外一個顏色了。

有時候，風景或景物的顏色，會隨著我們觀看它們的距離遠近而改變喲！

真是神奇啊！近看和遠看居然不一樣耶！

厚重的顏色

我們猜某些顏色是厚重的。因為顏色不一樣，東西看起來就會有厚重或輕巧的感覺。

來看一看我們的猜測吧！
我們需要用到：

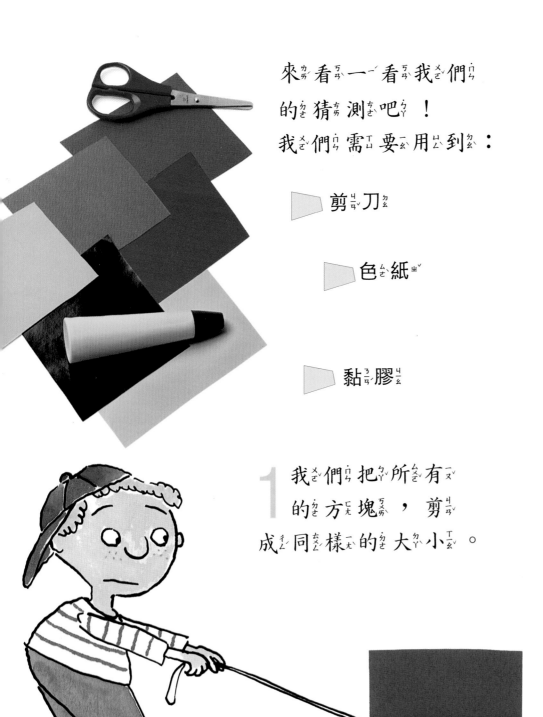

▷ 剪刀

▷ 色紙

▷ 黏膠

1 我們把所有的方塊，剪成同樣的大小。

2 把這些方塊由下向上貼。你猜！哪些顏色會比其它顏色厚重呢？

黃色看起來是不是比較輕巧呢？

紅色、藍色和綠色好像就比較厚重了。

你覺得呢？你想來玩一玩猜顏色重量的遊戲嗎？

混色練習

我們把黃色和其它顏色混合在一起時，會怎麼樣呢？

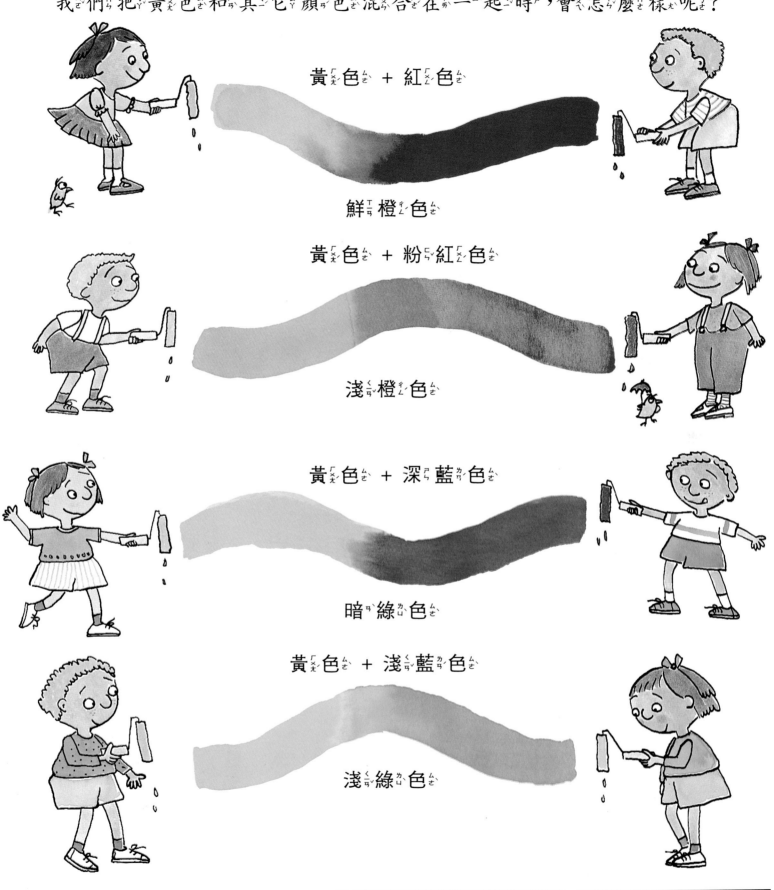

黃色 + 紅色

鮮橙色

黃色 + 粉紅色

淺橙色

黃色 + 深藍色

暗綠色

黃色 + 淺藍色

淺綠色

假如沒有黃色線，就不會有黃色，也不會有其它的顏色了。

一套專為十歲以上少年設計的百科全書

人類文明小百科

● 適讀年齡：10歲以上 ●

★ 行政院新聞局推介中小學生優良課外讀物 ★

- 充滿神秘色彩的神話從何而來？
- 埃及金字塔埋藏什麼樣的秘密？
- 想一窺浩瀚無垠的宇宙奧秘嗎？

人類文明小百科

為您解答心中的疑惑，開啟新的視野

全系列共18本

兒童文學叢書

小詩人系列

● 適讀年齡：8歲以上 ●

榮獲新聞局第十六、十七、十八、十九、二十次中小學生優良課外讀物推介
「好書大家讀」活動推薦好書暨1997年、2000年最佳少年兒童讀物

三民書局的「小詩人系列」自發行以來，
本本皆可稱「色藝雙全」，
在現今的兒童詩集出版品中，
無疑是相當亮麗的一片好風景。

（國立臺東師院兒童文學研究所所長　林文寶）